Johannisbeere

MARGOT FISCHER

MIT ILLUSTRATIONEN VON
LINDA WOLFSGRUBER

mandelbaums *kleine gourmandisen*
N° 30

Für Martina

Die Informationen über medizinische Anwendungen und Wirkungen sind – nach kritischer Prüfung – historischer und zeitgenössischer Fachliteratur entnommen. Dennoch kann für die Angaben keine Haftung übernommen werden. Von einer Selbstbehandlung schwerer Erkrankungen ohne ärztlichen Rat wird abgeraten.

Das Verzeichnis der verwendeten Literatur würde den Rahmen dieses Buches sprengen und findet sich daher auf http://www.margot-fischer.net

www.mandelbaum.at
ISBN 978-3-85476-866-1

1. Auflage 2020
Lektorat: Michael Baiculescu
Satz und Umschlaggestaltung: Michael Baiculescu
Illustrationen: Linda Wolfsgruber
Druck: Interpress, Budapest

WENN DER SPIELTRIEB DIE OBERHAND GEWINNT

Jedes Jahr bessert sich die Laune von Schülern und Lehrern beträchtlich, sobald die heranreifenden Johannisbeeren das Nahen der Ferien ankündigen. Die Bezeichnung der Früchte hat einen sehr praktischen Nutzen, lässt sie doch erkennen, wann deren Saison beginnt – vorausgesetzt natürlich, man ist mit der christlichen Mythologie zumindest so weit vertraut, den Johannistag gegen Ende Juni zu verorten. Am botanischen Gattungsbegriff Ribes hingegen orientiert sich die in Bayern, Österreich, der Schweiz und Südtirol geläufige Benennung Ribisel.

In manchen Familien dienen die beiden Namen auch zur Unterscheidung zwischen roten (= Ribisel) und schwarzen (= Johannisbeeren) Sorten. So auch bei meinen steirischen Tanten mütterlicherseits, die gemeinsam samt Anhang in einem riesigen Haus mit Garten wohnten. Selbstverständlich gab es dort Ribisel und Johannisbeeren, die uns Kindern für allerlei Rituale in unserem Geheimbund dienten, vom Färben der Haut mit dem Saft der schwarzen Beeren bis zum Essen möglichst großer Mengen der sauren roten Früchte, ohne dabei eine Miene zu verziehen.

Der Nachbarskater hätte die Pokerface-Prüfung niemals bestanden. Er liebte es, die bunten Kügelchen über den Gartenweg zu jagen und kurz vor dem Zaun mit einem gezielten Prankenhieb zu erlegen. Er vergaß dabei augenscheinlich immer wieder, dass seine Beute sehr saftig war und er sich nach der Jagd würde putzen müssen. Obwohl er beim Ablecken der Pfoten entspannt zu wirken versuchte, verriet ihn sein Gesicht. Im Lauf der Jahre legte sich der Spieltrieb des Katers; unserer verlegte sich auf das Experimentieren mit dem anregend Sauren und dem reizvoll Herben – Aromen, die unser

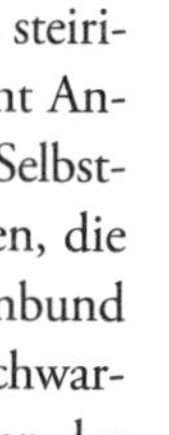

heranreifender Gaumen sehr zu schätzen gelernt hatte, und die untrennbar mit Erinnerungen an ferienglückliche Sommer verbunden sind.

VON EROBERERN UND NASCHHAFTEN BIENEN

Die Herkunft der Pflanzengattung liegt vermutlich in Eurasien, verbreitet ist sie in den klimatisch gemäßigten Zonen der Nordhalbkugel. Die ältesten Relikte wurden in Dänemark gefunden: Johannisbeersamen aus dem Mesolithikum.

In Ermangelung antiker Vorbilder (die Johannisbeere wächst im Süden nicht und fehlt daher in der Literatur des Klassischen Altertums) prägten mittelalterliche Mönche den lateinischen Begriff *ribes*, zunächst lediglich für die rote Johannisbeere, in Anlehnung an arabisch *ribâs*, der Bezeichnung für eine Rhabarberart, die im Libanon und Iran wächst. Anderen Theorien zufolge verbreiteten die Araber den Begriff bei ihren Eroberungszügen. Wer auch immer den Namen wählte, tat es wohl aufgrund der bei beiden Pflanzengattungen gleichermaßen ausgeprägten Säure und gewissen Überschneidungen im medizinischen Wirkungsspektrum. Pharmazeutisch inspiriert ist auch der in manchen Regionen gebräuchliche Name Gichtbeere, der allerdings stärker auf die schwarze Johannisbeere gemünzt ist, ebenso wie die im norddeutschen Raum geläufige Bezeichnung Aalbeere oder Ahlbeere, abgeleitet aus Alantbeere wegen der Ähnlichkeit im Geschmack. Die Herkunft des schweizerischen (Meer-)Träubeli erklärt sich aus der Tatsache, dass Johannisbeeren als Ersatz für Weintrauben dienten, ein Gebrauch, der sich auch noch im englischen *currants* in Anlehnung an die Korinthen spiegelt. Sinnlich legten die Franzosen die Wahl der Namensgeberin für die schwarze Johannisbeere an: Cassia, die Pflanze aus der Gattung der Zimtgewächse, stand Patin für *cassis*. Die Rinde des »gemeinen«

oder »Cassia-Zimts« wird wegen des leicht bitteren Untertons eher für pikante Gerichte verwendet, die gestielten jungen Früchte aromatisieren als »Zimtblüten« süße wie pikante Speisen.

Lange Zeit wurden lediglich wildwachsende Johannisbeeren verwendet. Erst im 11. Jahrhundert finden sich Belege für die Kultivierung von Johannisbeeren, zunächst vorwiegend in Klostergärten, vereinzelt aber auch bereits in Privatgärten, vorwiegend in Dänemark, den Niederlanden und dem Baltikum. Landläufig wird die rote Johannisbeere in Mitteleuropa spätestens seit dem 15. Jahrhundert, die schwarze Johannisbeere seit dem 16. Jahrhundert in Gärten gezogen. Eine frühere Nutzung von Wildformen – nicht zuletzt auch als Heilmittel – wird vorausgesetzt. Aus den Blättern lässt sich ein gelber Farbstoff extrahieren, die Früchte sind eine Quelle für rote, blaue und violette Farbtöne. Imker schätzen die Blüten der roten Johannisbeere wegen des besonders zuckerreichen Nektars. Vögel lieben die Früchte und wie stets in der Natur profitiert auch die Pflanze: Samen, die den Verdauungstrakt der Vögel passiert haben, sind keimfähiger als unbehandelte Exemplare.

Die auffallende Beliebtheit und Verbreitung der schwarzen Johannisbeere in Großbritannien dürfte auf den Zweiten Weltkrieg zurückgehen. Da die Versorgung mit Vitamin-C-reichen Zitrusfrüchten immer schwieriger wurde, förderte die britische Regierung den Anbau von Johannisbeeren. Ab 1942 erhielten Kinder unter zwei Jahren sogar gratis Johannisbeersirup.

In den USA hingegen sind Johannisbeeren derzeit kaum bekannt. Zwar hatten englische Siedler Pflanzen mit in die Neue Welt genommen – ohne zu ahnen, dass die Gattung dort bereits existierte und Blätter sowie Früchte den Indigenen als Nahrung und Heilmittel dienten – und sie auf dem Kontinent weiter verbreitet, doch

Anfang des 20. Jahrhunderts wurde der Anbau in den gesamten Vereinigten Staaten verboten. So geriet die Johannisbeere in Vergessenheit. Aber davon später.

EIN WENIG BOTANIK

Die Gattung der Johannisbeeren, *Ribes*, ist die einzige in der Familie der Stachelbeergewächse, *Grossulariaceae*, und umfasst auch die Arten Stachelbeere, *Ribes uva-crispa* syn. *Ribes grossularia*, und Jostabeere, *Ribes x nidigrolaria*. Wildwachsende Exemplare bevorzugen als Standorte Auwälder oder nicht zu trockene Gebüsche und lichte Wälder mit nährstoffreichem, leicht saurem Boden und Sonne bis Halbschatten. Die Wildformen der stachellosen roten Johannisbeere verbreiten sich mittels Kriechsprossen, die den Gartenzüchtungen fehlen.

Als Nachbarn mögen Johannisbeeren gerne Tomaten, Ringelblumen, Geranien, Brennnesseln, Senf und Gartenkresse; zum Schutz gegen Johannisbeer-Säulenrost auch Rainfarn und Wermut. Nicht zu empfehlen als Nachbarn sind Rosen, Äpfel, Steinobst und Nadelbäume.

Verpackt in ein nettes Märchen erzählt der Schweizer Gärtner Markus Kobelt, dass die Gattung sich gerne von alten Trieben befreien sowie mit Kompost und Pferdeäpfeln versorgen lässt, wofür sie sich mit reichlich Früchten bedankt. Die Blätter sammelt man ab April; bis Mai für kulinarische Zwecke, bis Juli für medizinische Anwendungen. Die Früchte reifen zwischen Ende Juni und August. In dieser Zeit werden von vielen Gärtnern Schutznetze verwendet, da die Beeren bei Vögeln sehr beliebt sind, wie auch der deutsche Lyriker Josef Guggenmos in seinem Gedicht *Rot leuchten die Johannisbeeren* beschreibt: Mittagsstille, Sommerzeit/Gartenwelt voll Friedlichkeit./Rot leuchten die Johannisbeeren./Sie leuchten-locken zum Verzehren./Ein schwarzes Vogelwesen sitzt/stillvergnügt im Busch und pickt./Da rennt ein

Mann hinzu und schreit./Die Amsel flieht, doch nicht sehr weit./Sie zetert laut, ist sehr empört,/weil man sie bei der Mahlzeit stört./»Bleib von den Beeren!« schreit der Mann./Die schwarze Amsel hört sich's an./Der Menschen-Mann verlässt den Ort,/geht heim zum Haus, verschwindet dort./Die Amsel huscht zum Busch zurück./ Mittagsstille. Sommerglück.

Die rote Johannisbeere, *Ribes rubrum*, ist ein sommergrüner Strauch, der bis zu zwei Meter Höhe erreicht, mit leicht behaarter drüsiger junger Rinde, die im Alter rötlich-braun oder dunkelgrau wird. Blatt- und Blütenknospen sind eiförmig. Die Blätter mit herzförmigem Grund bilden drei bis fünf Lappen mit grob gesägten Rändern aus. Junge Blätter sind unterseits flaumig behaart und verkahlen mit der Zeit. In einem traubigen Blütenstand stehen von April bis Mai flache, grünlichgelbe bis zart rötliche Blüten mit fünf verwachsenen, zurückgeschlagenen Kelchblättern und winzigen gelblichen bis purpurnen Kronblättern. Die glatten Beeren sind rot, gelblich oder weiß, erreichen einen Durchmesser von sechs bis elf Millimeter, sind durchscheinend und weisen zahlreiche Samen auf.

Die gegenwärtigen Sorten basieren auf Kreuzungen mit der Felsen-Johannisbeere, *Ribes petraeum*, der Troddel-Johannisbeere, *Ribes multiflorum*, und der Ährigen Johannisbeere, *Ribes spicatum*. Ähnlich wie bei Wein wird mitunter aufgepfropft, als Unterlage dient vorwiegend die Gold-Johannisbeere, *Ribes aureum*.

Jonkheer van Tets und Rovada sind zwei ertragreiche und robuste (bis -40 °C) Sorten mit hohem Zuckergehalt. In Großbritannien sind auch Red Lake und Stanza beliebt.

Weiße Varianten der roten Johannisbeere werden mitunter auch als *Ribes sativum* bezeichnet. Sie sind generell subtiler im Aroma als ihre roten Verwandten. Ver-

breitet sind die sehr aromatische Weiße Versailler und die besonders Vitamin C-reiche, robuste und ertragreiche Werdavia. In Großbritannien ist auch White Grape sehr beliebt.

Die schwarze Johannisbeere, *Ribes nigrum*, ist ein sommergrüner Strauch. Sie erreicht bis zwei Meter Höhe und verströmt – im Gegensatz zur roten Johannisbeere – einen kräftigen Geruch, der ihr mancherorts den wenig schmeichelhaften Namen Bock- oder Wanzenbeere eingetragen hat. Die Blätter werden bis zehn Zentimeter breit, bilden drei bis fünf Lappen mit gezähntem Rand aus, sind oberseits kahl, unterseits behaart und mit gelblichen Drüsen versehen. Im April und Mai hängen die behaarten Blüten in Trauben. Die länglichen, zurückgeschlagenen Kelchblätter sind grünlich-gelb mit rötlichen bis magentafarbenen Zipfeln, die kleineren Kronblätter sind weißlich-gelb. Die schwarzen Beeren erreichen einen Durchmesser von acht bis zwölf Millimetern.

Verbreitet sind die krankheitsresistente Titania mit feinstem Aroma, die ertragreichen Sorten Ben Hope und Tisel, die besonders aromatischen Ometa und Bona sowie die Silvergieters Schwarze mit sehr großen und süßen Früchten. Vom medizinischen Standpunkt betrachtet sind die schwarzen Sorten den roten überlegen. Ebenso wie Aroma und Ertrag sind auch die Inhaltsstoffe vom Klima abhängig und können von Jahr zu Jahr beträchtlich variieren. Im Durchschnitt am reichsten an gesundheitlich wertvollen Anthocyanen sind im europäischen Bereich vor allem die Sorten Ben Tron, Marski, Ben Dorain, Ben Hope, Ben Finlay. Bei den Flavonolen schneiden am besten ab: Ben Tron, Ben Hope, Ben Finlay, Daniai und Gagatai. Der Phenolgehalt ist im Schnitt am höchsten bei Ben Dorain, Ben Hope, Ben Tron, Gagatai und Marski.

Von *Ribes nigrum* sind auch Sorten mit grünen Früchten erhältlich. Sie sind süßer und etwas weniger ausgeprägt im Aroma, die farbgebenden Anthocyane fehlen. Diese Sorten sind daher nicht nur optisch weniger attraktiv, sondern auch wesentlich weniger gesundheitsfördernd als ihre dunklen Verwandten.

Vorwiegend als Zierpflanzen dienen Arten wie die gelb blühende Gold-Johannisbeere, *Ribes aureum*, die reichblühende Blut-Johannisbeere, *Ribes sanguineum* und die abgasresistente Alpen- oder Berg-Johannisbeere, *Ribes alpinum*. Die Früchte dieser Varianten sind zwar essbar, ihr Aroma überzeugt jedoch nicht.

VERBOTENE FRÜCHTE

Bei feuchter und warmer Witterung werden im Hochsommer vor allem die schwarzen Johannisbeeren vom Weymouthkiefern-Blasenrost, *Cronartium ribicola*, als Zwischenwirt befallen. Im Herbst infizieren die Sporen des Pilzes fünfnadelige Kiefern. Als besonders anfällig erweist sich die Weymouth-Kiefer (Strobe), die forstwirtschaftlich stark genutzt wird und daher nicht selten mit ungeeigneten Standorten zurechtkommen muss. Aufgrund der Schäden für die Holzindustrie war von Anfang des 20. Jahrhunderts bis 1966 in den USA der Anbau von Johannisbeeren verboten und ist es in manchen Staaten bis heute.

Eine *Cecidophyopsis ribis* genannte Milbe sucht – wie ihr Name schon sagt – die Mitglieder der Gattung Ribes heim. Bei weißen und roten Johannisbeeren und Stachelbeeren sterben die Knospen lediglich ab, nachdem die Milbe den Saft ausgesaugt hat. Bei schwarzen Johannisbeeren hingegen legt die Johannisbeergallmilbe tausende Eier in die Knospen, die auf gut die doppelte Größe anschwellen und unnatürlich gerundet erscheinen. Von April bis Juli schlüpfen die Milben, die zudem ein

Virus übertragen. Betroffene Blätter wirken deformiert mit spitzeren Ausbuchtungen sowie geringerer Zahl an Zähnen und Blattnerven, die Blütenknospen erscheinen leuchtend magentafarben und praktisch haarlos, die Blüten entwickeln zehn Kronblätter anstelle von fünf. Mit 0,25 mm Länge sind die Milben so winzig, dass sie leicht von Wind, Regen oder fliegenden Insekten transportiert werden können. Daher ist die Ansteckungsgefahr für benachbarte Pflanzen groß. Am besten entfernt man bereits im Winter oder Anfang des Frühjahres vergrößerte Knospen. Auch Besprühen mit Rapsöl hilft. Stark befallene Pflanzen werden am besten ausgegraben und verbrannt.

Mit Entfernen betroffener Pflanzen(teile) und Besprühen mit Kaliseife sind die meisten der übrigen unerwünschten Besucher bekämpfbar. Die Johannisbeerblasenlaus verursacht blasig aufgetriebene Blätter und kann zu Wachstumseinschränkungen der befallenen Triebe führen. Die kleine Johannisbeerblattlaus lässt Triebspitzen und Blätter kurz nach dem Austrieb kraus aussehen. Diverse Blattlausarten und Johannisbeergallmücken führen zu deformierten Trieben und eingedrehten verkrüppelten Blättern.

Gut versteckt in den Trieben älterer Sträucher der Gattung Ribes überwintern die Raupen der Johannisbeer-Glasflügler, *Synanthedon tipuliformis*. Im Frühjahr verpuppen sich die madenartigen Tiere, im Mai schlüpfen daraus Schmetterlinge mit durchsichtigen Flügeln und schwarzem Körper mit gelben Streifen. Echten Schaden richten die Raupen nur an, wenn sie in sehr großer Zahl auftreten. Sie lassen sich mit Nematoden im Zaum halten.

Resistenz gegen die bei der Gattung Ribes auftretenden Erkrankungen und dornenlose Pflanzen waren das Ziel von Kreuzungen zwischen schwarzer Johannisbeere und Stachelbeere, *Ribes uva-crispa*. Erste Erfolge gelangen 1880 in Cornwall. Allerdings waren die Ribes x culverwellii genannten Hybride beinahe steril. Ertragreiche Kreuzungen erzielte man 1926 in Berlin. Auf den Markt kamen sie allerdings erst Ende der 1970er Jahre unter dem Namen Jostabeere, *Ribes x nidigrolaria*, auch Rigatze, Jogel- oder Jochelbeere. Mitunter ist bei diesen Hybriden auch die Oregon-Stachelbeere oder Schwarze Honigbeere, *Ribes divaricatum*, mit eingekreuzt, eine in Kanada heimische wilde Art, die von den Indigenen als Nahrung und Medizin genutzt wurde. Die Pflanze hat oberseits glänzende, unterseits kahle oder nur spärlich behaarte, gekerbte Blätter mit stark verstreut angeordneten gelben Drüsen, an der Innenseite tiefrote Kelchblattzipfel und schwarzrote bis tiefschwarze Früchte. Bei unreifen Früchten dominiert das Aroma der Stachelbeere. Zarte Noten von schwarzer Johannisbeere entwickeln sich mit zunehmender Reife. Besonders aromatisch sind die Sorten Rikö, Orus 8 und Jostine; besonders süß und ertragreich ist Red Josta; besonders robust mit sehr großen Früchten ist Jogranda.

Weltweit wurden 2017 mehr als 578.000 Tonnen Johannisbeeren produziert, wobei keine aktuellen Zahlen aus China vorliegen. Nach dem Einstieg in die industrielle Produktion in den 1980er Jahren mit einer Steigerung auf bis über 10.000 Tonnen wurden aus Mangel an Verarbeitungsmöglichkeiten viele der Plantagen zerstört. Erst in jüngerer Zeit stieg das Interesse wieder.

Der Großteil der Produktion stammt mit über 351.000 Tonnen aus der Russischen Föderation, gefolgt von Polen mit rund 129.000 Tonnen, der Ukraine mit 27.000 Tonnen, Großbritannien mit 14.000 Tonnen und Deutschland mit über 12.000 Tonnen. Österreich liegt mit knapp unter 3.000 Tonnen auf Platz zehn, die Schweiz mit 63 Tonnen auf Platz 31.

JOHANNISBEERLIKÖR ALS ZANKAPFEL UND POLITISCHES STATEMENT

Als die Handelsgruppe Rewe Crème de Cassis aus Dijon importieren wollte, verbot die Bundesmonopolverwaltung für Branntwein den Verkauf. Mit einem Alkoholgehalt zwischen 15 und 20 Volumsprozent lag der französische Johannisbeerlikör unter den vom deutschen Branntweinmonopolgesetz vorgeschriebenen 25 Vol.-%. Im folgenden Rechtsstreit entschied letztlich der Gerichtshof der Europäischen Gemeinschaften, die deutsche Bestimmung sei unvereinbar mit der europäischen Warenverkehrsfreiheit. Aus diesem Urteil leitet sich das *Cassis-de-Dijon-Prinzip* ab, demgemäß grundsätzlich alle in einem EU-Mitgliedsland rechtmäßig in Verkehr gebrachten Produkte auch in sämtlichen anderen Mitgliedsstaaten verkauft werden dürfen.

Widerstand spielt auch bei dem wohl bekanntesten Mixgetränk mit Crème de Cassis eine Rolle. Eine schon lange zuvor als *blanc de cassis* beliebte Mischung mit Weißwein erreichte enorme Popularität als offizielles Getränk in Dijon bei Rathausempfängen mit dem Domherrn und Bürgermeister (1945–1964) Félix-Adrien Kir, der sich im Zweiten Weltkrieg an Aktionen der Résistance beteiligt hatte. Wer sich allerdings statt zu diesem Mitglied der CNI, der gemäßigt rechten Partei *Centre national des indépendants et paysans*, mehr zu den sozialistischen Aufständischen im Paris von 1871 hingezogen fühlt, erzielt mit dem Ersatz des Weißweins durch Rotwein einen *Communard*. Apropos Sozialismus: Anlässlich eines Treffens des Dijoner Bürgermeisters mit dem als Meister der sozialistischen Rhetorik geltenden Nikita Chruschtschow (französisch *Khrouchtchev* transliteriert) entstand 1960 eine mit Wodka verschärfte Version des Kir: der *Double K*.

DER BEFREIENDE STRAUCH

In der Volksmythologie symbolisieren Sträucher nicht selten den Eingang in eine Welt der Geister und Dämonen; auch die Johannisbeere. Die herbe Säure der Früchte scheint Assoziationen zu zänkischen Frauen geweckt zu haben und so dient im russischen Märchen *Die böse Frau* ein Johannisbeerstrauch mit einem bodenlosen Loch voller Dämonen als Schauplatz der Entsorgung einer streitbaren Frau durch ihren Mann. Das Motiv der widerborstigen Ehefrau, die sogar Dämonen das Fürchten lehrt, breitete sich von Indien über Persien in ganz Europa aus. Der Johannisbeerstrauch kommt allerdings lediglich in der russischen Version zum Zug, dort aber ausgesprochen erfolgreich.

Positivere Assoziationen weckt die Gattung Ribes im englischsprachigen Raum, wo man jemandem mit Johannisbeerblüten Wertschätzung signalisiert und wo man Neugeborene unter dem Stachelbeerstrauch findet. Vielleicht ist diese Assoziation aber auch gar nicht so positiv und spiegelt bloß frühe Erfahrungen mit Zustelldiensten wider: Der Storch hatte wohl am bevorzugten (= feuchten) Standort der Art nach Fröschen gejagt und dabei seine Lieferung vergessen.

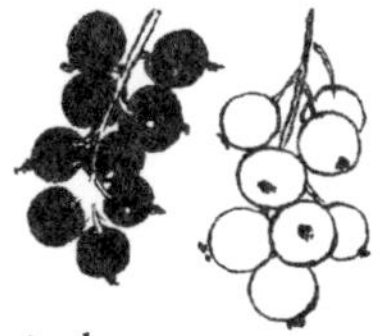

Nicht nur von unerwünschten Gattinnen (und Kindern?) befreit die Johannisbeere. Sträucher haben in der Volksmythologie häufig die Funktion eines »Abstreifkrautes«, das sind Gewächse, an denen man seine Krankheiten »abstreifen« konnte. Der Brauch ist gar nicht so abwegig wenn man bedenkt, dass es sich bei diesen Pflanzen um starke Heilmittel handelt, die teilweise bereits durch die verströmten ätherischen Öle wirken können. Tatsächlich zählt die Johannisbeere zu den potentesten Hausmitteln, wie wir gleich sehen werden.

Johannisbeeren stecken voller gesunder Substanzen, vor allem die schwarzen: Sie sind unter anderem reich an Vitamin C und Flavonoiden, das sind Pflanzeninhaltsstoffe, die vor Oxidation schützen und freie Radikale fangen; damit halten sie Herz und Gefäße gesund, bremsen das Krebswachstum und verhindern ein Entgleisen des Blutzuckerspiegels. Darüber hinaus wirken einige dieser Substanzen gegen Bakterien oder sogar Viren. In Verbindung mit den entzündungshemmenden Eigenschaften sind daher Zubereitungen aus schwarzen Johannisbeeren bei Infektionen hilfreich. Schwarzer Johannisbeersaft kann zudem der Bildung von Harnsäurekristallen entgegenwirken, wodurch sich Gicht und Nierensteinen vorbeugen lässt, eine Wirkung, die der Johannisbeere in manchen Regionen den Namen Gichtbeere eingebracht hat. Bei Glaukompatienten wurden mit Johannisbeerextrakt eine Verbesserung der Augendurchblutung und eine Verminderung des Augendrucks erreicht.

Die Samen der schwarzen Johannisbeeren enthalten ein Öl, das reich an wertvollen ungesättigten Fettsäuren ist, darunter reichlich omega-3-Fettsäuren. Daher ist das Johannisbeer-Samenöl interessant als Alternative zu Fischöl, auch in Nahrungsergänzungsmitteln. Angesichts der Überfischung und Verschmutzung der Meere eine beachtenswerte Alternative. Aus omega-3-Fettsäuren werden – im Gegensatz zu den omega-6-Fettsäuren – Eicosanoide (hormonähnliche Botenstoffe) mit erwünschten Eigenschaften gebildet. Sie hemmen Entzündungen, schützen die Blutgefäße und verhindern dadurch Herzinfarkte sowie Schlaganfälle. Das Öl findet Anwendung in der Behandlung von rheumatoider Arthritis und Gelenkskapselentzündungen. Bei älteren Personen unterstützt das Öl die Immunabwehr.

In der Forschung ist das Öl auch Thema von Studien zur Behandlung von Allergien und Hautkrankheiten in der Human- wie der Veterinärmedizin. Das Öl moduliert nämlich nicht nur, wie bereits erwähnt, die Produktion von Eicosanoiden, sondern auch die Zusammensetzung von Membranlipiden und die Freisetzung von Histamin, das unter anderem für Juckreiz und Schwellungen verantwortlich ist.

Bei Frauen, die während der Schwangerschaft Johannisbeer-Samenöl erhalten hatten, war die Muttermilch reicher an Interferon gamma, einer Signalsubstanz, die bei der Immunantwort und Bekämpfung von Infektionen eine zentrale Funktion einnimmt. Die Kinder dieser Mütter entwickelten seltener eine atopische Dermatitis. Interferon gamma verbessert die Überlebensraten bei Melanomen und Blasenkrebs. Die vielversprechendsten Ergebnisse zeitigten Studien bei Eierstockkrebs. In Zellkulturen konnte generell eine Behinderung des Wachstums von Tumoren beobachtet werden.

Johannisbeer-Samenöl enthält reichlich Phosphatidylcholin, auch Lecithin genannt. Die Substanz ist unter anderem für die Bildung von Nervenzellen nötig und wird gerne zur Verhinderung von Demenz empfohlen. Im Tierversuch konnte sogar eine Verbesserung der Gedächtnisleistung bei bereits bestehender Demenz erreicht werden. Die dominierende Komponente des Steroidanteils im Johannisbeeröl ist beta-Sitosterol, das den Cholesterinspiegel im Blut senken kann. Die Substanz wird unter anderem auch zur Verminderung der Beschwerden bei gutartiger Prostatavergrößerung, zur Stärkung der Blasenmuskulatur und – in Kombination mit Sägepalmenextrakt – zur Hemmung der Glatzenbildung bei Männern eingesetzt.

In der Gemmotherapie ist die schwarze Johannisbeere eines der wichtigsten Heilmittel. Das Mazerat der Blattknospen (das Rezept findet sich auf Seite 57) dient zur Behandlung von Allergien und Entzündungen, Arthrose, Rheuma und Gicht sowie Vergiftungen. Die Blattknospen regen die Nebennierenrinde an, die mehr als 40 Steroidhormone bildet und damit unter anderem den Blutdruck und den Stoffwechsel reguliert. Der Extrakt der Blütenknospen schwarzer Johannisbeeren verleiht Parfums eine sinnlich-fruchtige Note. Auch Chanel N° 5 verdankt seinen Weltruhm zu einem Gutteil der Johannisbeere. Der Erfolg kommt nicht von ungefähr, wirkt das ätherische Öl doch euphorisierend und aphrodisierend.

Das ätherische Öl regt die Produktion von Endorphinen und Encephalinen an. Diese Botenstoffe wirken schmerzlindernd und stimmungsaufhellend. Darüber hinaus steigert das Öl auch die Noradrenalinsynthese, wodurch sich Antriebsschwäche und eine verminderte Immunabwehr beheben lassen. Die Aromatherapie nutzt das ausgewogene Verhältnis von anregenden und entspannenden Eigenschaften bei Stress, drohendem Burnout und Depressionen.

Ein Aufguss junger Wurzeln wird zur Behandlung von Fieber eingesetzt. Ein Rindenabsud bekämpft Nierensteine, Ödeme und Hämorrhoiden. Johannisbeerblätter und getrocknete Früchte ergeben einen schmackhaften Tee gegen Venenleiden, Arthrose, Arthritis, Gicht und Harnsteine, Erkältungen, Keuchhusten und Migräne. Bei leichtem Durchfall wendet man die fermentierten Blätter an, die übrigens ebenfalls ein hervorragendes Aroma aufweisen. Womit wir zu den genießerischen Aspekten kommen.

DIE KULINARISCHEN SEITEN

VOM SCHLARAFFENLAND BIS AN DEN KÖNIGSHOF

Bereits im April und Mai bietet die Johannisbeere mit ihren Sprossen und jungen Blättern eine aromatische und vitaminreiche Ingredienz für Bowle, Smoothie, Salat, Suppe, milch(produkt)haltige Desserts und Likör. In Russland und angrenzenden Ländern dienen die Blätter auch als Gewürz für Wodka und eingelegtes Gemüse, vor allem Salzgurken. Die Früchte kommen besonders reizvoll zur Geltung in Essig, Chutney und Relish; süß auch in Eiscreme, Saft, Wein und Likör sowie als Zutat für Backwaren, häufig mit Baiserhaube. Klassisch ist die Verwendung für kalte Fruchtsuppe, Konfitüre und Gelee, Zubereitungen, bei denen der hohe Gehalt der Früchte an gelierendem Pektin willkommen ist.

Die wohl berühmteste Johannisbeer-Konfitüre stammt aus Frankreich. In der kleinen Stadt Bar-le-Duc entfernt man für die Herstellung der Spezialität *Duchesse* – auch *caviar de Bar-le-Duc* genannt – die Kerne mit einem Gänsefederkiel. Die Früchte werden in kochenden Zuckersirup geworfen und behalten dadurch ihre Form. Die Methode ist seit beinahe 700 Jahren unverändert. Erstmals erwähnt wird die Spezialität in einem Dokument aus dem Jahr 1344, das von einer aufkommenden Sitte im Adel und gehobenen Bürgertum berichtet, Richtern nach einem gewonnenen Prozess *caviar de Bar-le-Duc* zu schenken. Im 16. Jahrhundert war die Spezialität bereits in ganz Frankreich begehrt und so suchte man mit den beliebten Produkten in den hübschen Kristallgläsern sogar die Protektion von Mitgliedern des Königshofs zu erlangen. Angesichts des zum damaligen Zeitpunkt horrenden Zuckerpreises ein kostspieliges Geschenk. Maria Stuart, deren Mutter im Schloss von Bar geboren wurde, bezeichnete die Konfitüre als »Sonnenstrahl in einem Töpfchen«. Alfred Hitchcock, der Meister des Thrillers, soll sich geweigert haben, in Hotels abzusteigen, die keinen *caviar de Bar-le-Duc* zum Frühstück boten.

Überwiegend in Form von Gelees werden rote und schwarze Johannisbeeren gerne zu Gans, Truthahn, Wild und Lamm gereicht; sie harmonieren zudem bestens mit Käse. Geleeartig ist auch der Klassiker der Dessertküche: die rote Grütze, die traditionellerweise meist mit Beeren zubereitet wird. Den Ursprung der Bezeichnung meinen frankophile Hobbysprachwissenschaftler im französischen Wort für die rote Johannisbeere, *groseille*, zu finden. Professionelle Etymologen hingegen verweisen auf das westgermanische *grutjo* für »Grobgemahlenes«, angesichts des deutlichen Kernanteils der Johannisbeeren eine durchaus passende Assoziation.

Das slawische Wort für »sauer« stand Pate für *kisiel* (Russland), *kysil* (Ukraine), *kissell* (Estland), *kiisseli* (Finnland), *kiselius* (Litauen), *kisiel* (Polen) etc., eine weit verbreitete Zubereitung aus mit Stärke gebundenem Fruchtsaft. Besonders häufig findet man die Version aus roten Johannisbeeren, vor allem in Russland. Je nach verwendeter Menge an Bindemittel genießt man Kisiel – meist kalt, seltener warm – als Getränk, dicke Creme oder Überguss für Puddings und gebackene Frischkäselaibchen, *syrniki* oder *tvorozhniki* genannt. Kisiel kann auch Wein und Fruchtstücke enthalten. Es ist in Russland so populär, dass im dortigen Schlaraffenland die Flüsse aus Milch und die Ufer aus Kisiel bestehen.

Das reizvolle zartherbe Bukett der schwarzen Johannisbeere wird gerne in Mixgetränken raffiniert zur Geltung gebracht. Weltweit am bekanntesten sind wohl Kir und Kir royal. Ebenso traditionell sind Kombinationen mit Cognac oder Vermouth plus Soda. Vor allem in Großbritannien kennt man zahlreiche Mischungen mit schwarzer Johannisbeere. Das Basisgetränk erhält dabei den Zusatz *and black* wie etwa *cider and black* oder *ale and black*. Wer *diesel* bestellt, erhält ein Gebräu aus Cider, Lagerbier und Johannisbeersirup.

An Desserts mit Johannisbeeren waren bis weit in das 19. Jahrhundert sehr einfache Kombinationen aus den Früchten, Frischkäse und Obers beliebt, auch mehr oder weniger simple Zubereitungen mit Mehl und Fett, die mit Eiern, Milch und Zucker verfeinert sein konnten. Der Teig wurde häufig in bemehlten Tüchern oder Formen gekocht, seltener im Ofen oder in Fett in der Pfanne gebacken. Vornehmer waren Tartes, deren Füllung vorwiegend aus Johannisbeeren – mitunter in Kombination mit Himbeeren – bestand, feine Sorbets und Eiscremes.

DAS SPIEL DER AROMEN

Das zarte Bukett der weißen Johannisbeere lässt sich vor allem mit Vanille und Rosenwasser gut stützen. Es kommt am besten in dezenten Kombinationen zur Geltung, zum Beispiel mit Prosecco, Weißwein oder Rosé, auch in Form von Sorbet oder Chaudeau. Die kräftige fruchtige Säure der roten Johannisbeere macht sie zur pikanten Begleiterin üppiger Gerichte ebenso wie süßer Speisen. Mit Johannisbeeren aller Farbschattierungen erhalten Milchprodukte, Rotkraut, Ente, Gans, Wild, Garnelen und Shrimps besonderen Charakter. Zu reifem Käse sind vorwiegend die schwarzen Johannisbeeren zu empfehlen.

Klassisch werden Johannisbeeren kombiniert mit anderen Beeren, Äpfeln, Birnen oder Quitten. Auch Marillen, Pfirsiche, Kirschen, Pflaumen, Mangos, Kiwis, Zitrusfrüchte, Feigen, Datteln und Bananen passen gut. Zur Ergänzung bieten sich alle Arten von Nüssen, Pinienkerne, Mohn, Kastanien, Kakao und Schokolade an. An Gemüsen harmonieren besonders gut Rhabarber, Zwiebel, Knoblauch, Fenchel, Stangensellerie, Spargel, Salatpflanzen, Blattgemüse, rote Rüben, Pastinaken, Petersilienwurzeln, Karotten, Kürbis und Süßkartoffeln.

Als Gewürze eignen sich besonders gut Koriandersamen, Vanille, Zimt(blüten), Zitrusfruchtschalen (vor allem Mandarine, Grapefruit und Blutorange), Kurkuma, Basilikum, Thymian, Rosmarin, Salbei und Lavendel. Die Blätter und jungen Triebe der schwarzen Johannisbeere sind ebenfalls als Aromaspender sehr zu empfehlen.

In vielen Rezepten können schwarze und rote Johannisbeeren untereinander ausgetauscht oder durch Jostabeeren und Stachelbeeren ersetzt werden. Bitte dabei zu beachten, dass rote Johannisbeeren meist mehr Saft und Säure enthalten, schwarze Johannisbeeren eher herber und kräftiger im Aroma sind, Jostabeeren meist reichlich Zucker aufweisen und Stachelbeeren je nach Sorte und Reifegrad ausgesprochen unterschiedlich hinsichtlich Süße und Aroma sein können.

Die Rezepte sind – wenn nicht anders angegeben – für vier Personen berechnet. Bei den Johannisbeeren beziehen sich die Mengenangaben auf bereits von den Stielen befreite Früchte. Das Zerkleinern von Zutaten einschließlich der Gewürze sollte stets möglichst kurz vor der Verwendung erfolgen.

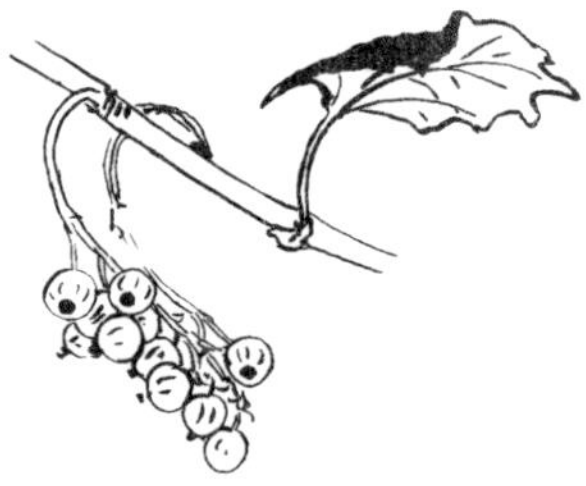

Roter Johannisbeer-Essig mit Thymian

Der attraktiv rubinrote Essig harmoniert besonders gut mit Sesamöl. Er verleiht Salaten, Gemüse, Pilzen und Saucen eine pikant-fruchtige Note, auch Marinaden und Fruchtsalaten. Mit Wasser oder Soda ergibt der Essig ein gutes Erfrischungsgetränk. Die abgefilterten Früchte eignen sich als Beigabe zu Salaten, Pasteten, Fisch, Geflügel und mildem Käse.

300 g rote Johannisbeeren leicht zerdrückt •
1 l Apfelessig • 1–2 EL Honig, nach Wunsch mehr •
3–4 Zweige Thymian oder 1 Sternanis

Alle Zutaten in einer weithalsigen Flasche unter täglichem Schütteln ziehen lassen. Nach 2 Tagen den Thymian entfernen. Nach 2 Wochen den Essig abfiltern und in kleine Flaschen füllen. Kühl und lichtgeschützt lagern.

Schwarzer Johannisbeer-Essig mit Rosmarin

Der intensiv violett-rote Essig harmoniert bestens mit Traubenkern- und Haselnussöl. Er ist ein kräftiger Begleiter zu ausgeprägt aromatischem Käse, Wild, Wildgeflügel, Innereien und fettem (Räucher)Fisch. Pur oder mit Soda ist er ein erfrischendes Heilmittel. Pilzrisotto, Panna cotta und Eiscreme gewinnen definitiv durch einige Tropfen dieser Köstlichkeit.

300 g schwarze Johannisbeeren leicht zerdrückt •
1 l Rotweinessig oder Balsamico • 1–2 EL dunkler Kandiszucker, nach Wunsch mehr • 1 Zweig Rosmarin

Alle Zutaten in einer weithalsigen Flasche unter täglichem Schütteln ziehen lassen. Nach 2 Tagen den Rosmarin entfernen. Nach 2 Wochen den Essig abfiltern und in kleine Flaschen füllen. Kühl und lichtgeschützt lagern.

Johannisbeer-Portwein-Essenz

Die aromatische Essenz ist ein Geheimtipp für Gerichte, denen eine kräftig-fruchtige Würze guttut. Die Portweinsorte sollte auf die verwendeten Früchte abgestimmt sein: Weißer Port für rote Johannisbeeren, roter Port für schwarze Früchte.

1 EL Butter • 6 gehackte Schalotten • 1 gehackte Knoblauchzehe nach Wunsch • 300 ml Portwein • 1 große gehackte Birne ohne Schale und Kerngehäuse • 1 Lorbeerblatt • 2 Zweige Thymian oder Rosmarin • Salz • schwarzer Pfeffer • 300 g Johannisbeeren

Die Butter in einer schweren Pfanne schmelzen. Zwiebel und Knoblauch darin goldgelb braten. Portwein, Birne und Gewürze hinzufügen. Die Mischung auf die Hälfte einkochen lassen. Die Johannisbeeren 8 Minuten mitkochen. Die Essenz durch ein Sieb passieren, nochmals aufkochen und heiß in kleine Flaschen füllen.

Johannisbeer-Chutney

Dieses fein-fruchtige Chutney gibt zarten Salaten, rohem und gebratenem Gemüse, Soufflés, mildem Käse, Fisch, Meeresfrüchten und hellem Fleisch eine besondere Note; ausnehmend schön in Kombination mit karamellisierten Walnüssen (Rezept in der kleinen Gourmandise N° 28 – Walnuss).

3 gehackte rote Zwiebeln • 2 gehackte Knoblauchzehen • 3 EL Öl • 150 g feingehackte Trockenmarillen • 100 g dunkler Rohrohrzucker • 200 ml Rotweinessig • 2 Gewürznelken • 1 sehr kleine Zimtstange • 2 TL Senfsamen • 1 TL Koriandersamen • nach Wunsch 1 kleine gehackte Chilischote ohne Kerne • 500 g Johannisbeeren • Salz • schwarzer Pfeffer

Zwiebel und Knoblauch im Öl braun braten. Mit Marillen, Zucker, Essig und den Gewürzen 10 Minuten bei milder Hitze köcheln. Johannisbeeren weitere 10 Minuten mitköcheln. Mit Salz und Pfeffer abschmecken. Noch heiß in kleine Gläser füllen und 4 Wochen ziehen lassen. Kühl und dunkel gelagert hält das Chutney gut ein halbes Jahr.

Ribisel-Relish

Der Alliteration wegen wird hier im Namen das bayrisch-österreichische Synonym verwendet. Das dezent-würzige Relish ist eine klassische Beigabe zu Leberpastete. Es passt auch sehr gut zu Wild, Geflügel, Käse und Salaten.

500 g rote Johannisbeeren • 200 g Lauch in feinen Scheiben • 1 saurer Apfel ohne Kerngehäuse in Würfeln • 1 fein gehackte Knoblauchzehe • 200 ml Apfelessig • 150 g Zucker • 1 Lorbeerblatt • 2 TL feingehackte Rosmarinnadeln • ½ TL Salz

Alle Zutaten unter gelegentlichem Rühren dickflüssig einkochen. Heiß in gut verschließbare Gläser füllen. Kühl und dunkel lagern.

Eingelegte Johannisbeeren

Die pikanten Früchte passen besonders gut – aber nicht nur – zu Käse, Wurst, Schinken, Salaten, Kürbis und Wurzelgemüse aus dem Ofen.

500 g schwarze oder rote Johannisbeeren • 50 g Zucker • 200 ml Apfelessig • 1 Zweig Thymian • 1 TL Salz • 1–2 TL rosa Beeren

Alle Zutaten 8 Minuten sanft köcheln lassen. Heiß in kleine Gläser abfüllen. Kühl und dunkel lagern.

Johannisbeer-Senf

Der fruchtige Senf passt besonders gut zu Salaten und allem Gebratenem und Gegrilltem.

3 EL Johannisbeer-Gelee (Seite 42) • 2 EL Senf nach Wahl • nach Wunsch Chili und 2 EL fein gehackte Frühlingszwiebel

Alle Zutaten verrühren und 30 Minuten gekühlt ziehen lassen. Ohne Frühlingszwiebel ist die Mischung gut ein Jahr haltbar.

Flotte Senfgurken

125 ml Apfelessig • 200 g Zucker • 2 TL Senfkörner • 1–2 TL Salz • 1 kg geschälte und entkernte Gurken in daumendicken Stücken • 1 Zwiebel in dünnen Scheiben • 4–6 Blätter der schwarzen Johannisbeere

Apfelessig, Zucker, Senfkörner und Salz 3 Minuten kochen. Gurken, Zwiebel und Johannisbeerblätter in Vorratsgläser schlichten. Mit dem heißen Essigsud bis ½ cm unter dem Rand begießen. Gläser verschließen. Kühl und dunkel lagern.

Eingelegte Zucchini

Früchte und Blätter der Johannisbeere verleihen den Zucchini ein unnachahmliches Bukett. Das Rezept eignet sich auch für Gurken, Kürbis und kleine Rübchen.

1 kg kleinste Zucchini • 150 g schwarze Johannisbeeren • 1 Zwiebel in Spalten • 3 Knoblauchzehen in Scheibchen • 1 EL rosa Beeren oder schwarze Pfefferkörner • 6–7 Blätter der schwarzen Johannisbeere • 500 ml Apfelessig • 1–2 EL Salz

Die Endstücke der Zucchini abschneiden, größere Exemplare in Stifte schneiden. Hohe sterilisierte Gläser mit Zucchini, Johannisbeeren Zwiebel, Knoblauch und rosa Beeren bestücken. Johannisbeerblätter dazwischenstekken. Essig mit Salz in 1 Liter Wasser aufkochen und noch kochend über die Zucchini und Johannisbeeren gießen (sie sollen vollständig bedeckt sein). Gläser dicht verschließen, kühl und dunkel lagern.

VORSPEISEN, SALATE UND SNACKS

Gruß aus der Küche

Wer keinen Dressiersack besitzt, füllt den Roquefort einfach in einen Tiefkühlbeutel und schneidet eine Spitze davon ab.

100 g Roquefort • 50 g Butter • grob geschroteter schwarzer Pfeffer • 2 kleine Zucchini in Scheiben • 1 TL Olivenöl • 3 EL schwarze Johannisbeer-Portwein-Essenz (Seite 24) • 4 EL gehackte geröstete Pistazien oder Walnüsse • kleine Stangenselleriebättchen oder krause Petersilie zum Garnieren

Roquefort mit Butter und Pfeffer glatt rühren, in einen Dressiersack füllen. Zucchini in einer mit Olivenöl zart geölten Grillpfanne mit Rippen beidseits kurz scharf anbraten, abkühlen lassen. Roquefort auf die Zucchinischeiben dressieren, mit der Johannisbeer-Portwein-Essenz beträufeln, mit Pistazien und Sellerieblättchen dekorieren.

Burrata & Johannisbeeren auf Feldsalat

400 g Feldsalat • 600 g Burrata, ersatzweise Mozzarella • 300 g Cocktailtomaten • 200 g gerebelte schwarze Johannisbeeren • 2 Frühlingszwiebeln in feinen Röllchen • frische Minze • 4 EL Olivenöl • 3 EL roter Johannisbeer-Essig (Seite 23) • 2 EL Orangensaft • Salz • weißer Pfeffer

Feldsalat, Burrata, Tomaten, Johannisbeeren, Frühlingszwiebeln und Minze gefällig arrangieren. Öl, Essig, Orangensaft, Salz und Pfeffer verrühren. Den Salat mit dem Dressing beträufeln und sofort servieren.

Sommerfrische Gurke & Melone

Als Ergänzung bieten sich Ziegenfrischkäse, Feta, Burrata oder Mozzarella an, auch Geräuchertes wie Räucherkäse, Speck oder geräucherter Lachs.

1 Salatgurke in Scheiben, nach Wunsch geschält • 800 g Wassermelonenfleisch in Würfelchen • 1 feingehackte Lauchstange • Salz • 3 EL Limettensaft • rosa Beeren, ersatzweise schwarzer Pfeffer • 150 g schwarze Johannisbeeren • 2 TL Honig • 4 EL geröstete Pinienkerne • frischer Zitronenthymian oder kleinblättriges Basilikum

Gurke, Melone und Lauch auf Teller verteilen, salzen und mit Limettensaft beträufeln. Rosa Beeren grob darübermahlen. Johannisbeeren mit dem Honig mischen, mit einer Gabel leicht zerdrücken, kurz aufkochen und durch ein Sieb streichen. Das abgekühlte Johannisbeer-Mus auf die Gurke und Melone träufeln. Pinienkerne und Zitronenthymian darüberstreuen.

Fenchel & Radicchio mit Johannisbeer-Portwein-Essenz

Je nach Laune und Jahreszeit lassen sich hier roher oder gebratener Fenchel und Radicchio verwenden. Bei großem Appetit ist das Rezept mit Käse, Pastete, gebratenem Speck, Fleisch, Fisch oder Geflügel ausbaubar und – mein Favorit – mit gebratener Weißwurst. Nicht nur Freunde aus Bayern lieben diese Version und verzeihen mir dafür sogar den Frevel in der Pfanne.

2 Fenchelknollen in dünnen Scheiben • 2 kleine Köpfe Radicchio in breiten Streifen • 4 EL Olivenöl • 4 EL Johannisbeer-Portwein-Essenz (Seite 24) • Salz • schwarzer Pfeffer • 2 Frühlingszwiebeln in zarten Röllchen • 4 Rispen frische Johannisbeeren, ersatzweise 2 EL eingelegte Johannisbeeren (Seite 26) • grob gehackte krause Petersilie • grob gehackte geröstete Walnüsse

Fenchel und Radicchio auf kleinen Tellern anrichten. Aus Olivenöl, Johannisbeer-Portwein-Essenz, Salz und Pfeffer ein Dressing rühren. Das Gemüse mit dem Dressing beträufeln; Frühlingszwiebeln, Johannisbeeren, Petersilie und Walnüsse darüberstreuen.

Stangensellerie mit Ribisel-Relish

Auch dieses Rezept lässt sich mit Käse, Fisch und Fleisch ergänzen und ausbauen. Besonders fein ist eine Kombination mit ofenwarmem Roastbeef.

1 kleine Stangensellerie in 5 cm langen Stücken • 100 ml Weißwein • Salz • schwarzer Pfeffer • 1 große rote gehackte Zwiebel • 1 gehackte Knoblauchzehe • 4 EL Butter • 2 kleine Äpfel oder Birnen ohne Kerngehäuse in Spalten • 4 EL Ribisel-Relish (Seite 25) • 2 EL gehackte junge Sellerieblätter

Die Sellerie im Weißwein mit Salz und Pfeffer etwa 8 Minuten bissfest dünsten. Zwiebel und Knoblauch in 2 EL Butter kräftig anbraten. In einer zweiten Pfanne die Apfelspalten in der restlichen Butter goldbraun braten. Sellerie und Äpfel anrichten, die Zwiebelmischung darüberlöffeln, daneben das Ribisel-Relish platzieren. Mit Sellerieblättern garnieren.

Carpaccio von roten Rüben mit Flusskrebsen und Johannisbeeren

500 g rote Rüben roh oder gekocht • 200 g essfertige Flusskrebse, ersatzweise Shrimps • 150 g Johannisbeeren plus mehr zum Garnieren • 4 EL Erdnuss- oder Sesamöl • 1 EL Honig oder Ahornsirup • 1 fein gehackte Knoblauchzehe • Salz • schwarzer Pfeffer • 2 EL gehackte Dillspitzen

Die roten Rüben in hauchfeine Scheiben schneiden und auf Tellern auslegen. Die Flusskrebse darauf verteilen. Die Johannisbeeren durch ein Sieb streichen. Mit Öl, Knoblauch, Salz und Pfeffer mischen; über die roten Rüben und Krebse träufeln. Mit Johannisbeeren und Dillspitzen garnieren.

Lachsforellen-Sülzchen mit Cassis

Diese elegante Vorspeise lässt sich bereits am Vortag zubereiten. Sie macht sich auch gut bei Picknicks.

250 g Lachsforellenfilet in 2 cm Würfelchen • 200 ml Fischfond • Salz • rosa Beeren • Fenchelsamen • 125 g Stangensellerie in 2 cm Würfelchen • 2 EL Butter • 5 g Gelatine oder AgarAgar • 5 EL Johannisbeersaft • Saft und Schale von ½ Bio-Zitrone • 3 EL Crème de Cassis • Dillspitzen

Das Fischfilet im Fond mit den Gewürzen bei milder Hitze knapp garen. Stangensellerie in der Butter weich dünsten. Gelatine in wenig kaltem Wasser 5 Minuten einweichen. Fischfilet und Stangensellerie in Förmchen schlichten. Johannisbeer- und Zitronensaft auf die Hälfte einkochen. Fischfond, Zitronenschale, Cassis und Gelatine hinzufügen. Die Flüssigkeit in die Förmchen gießen. Sülzchen erkalten lassen, danach mindestens 4 Stunden kühlen. Mit Zitronenschale und Dillspitzen bestreut servieren.

Warme Hühnerleber oder Gegrillter Käse auf Chicorée

Diese feine Vorspeise gelingt auch mit Fisch.

400 g Hühnerleber oder grillbarer Käse • 2 EL Öl zum Braten • 2 Chicorée • 4 Handvoll junger Blattspinat oder Blattsalat • 80 g Johannisbeeren • 3 EL Olivenöl • 2 EL Johannisbeer-Essig (Seite 23) • 2 EL Crème de Cassis • Salz • schwarzer Pfeffer oder rosa Beeren • Zucker nach Belieben • 4 EL gehackte Frühlingszwiebel • 2 EL geröstete, grob gehackte Hasel- oder Walnüsse

Die Leber oder den Käse im Öl 3–4 Minuten pro Seite braten. In der Zwischenzeit Chicorée und Spinat auf Tellern anrichten. Johannisbeeren, Olivenöl, Essig, Crème de Cassis, Salz, Pfeffer und – falls verwendet – Zucker im Mixer pürieren, durch ein Sieb gießen und in einer kleinen Pfanne erwärmen, bis das Dressing leicht andickt. Leber oder Käse auf dem Salatbett arrangieren, mit dem warmen Dressing beträufeln. Frühlingszwiebel und Haselnüsse darüberstreuen und sofort servieren.

Pastinaken & Birnen aus dem Ofen mit eingelegten Johannisbeeren

500 g Pastinaken • 2 Birnen ohne Kerngehäuse in Spalten • 80 ml Olivenöl • 8 geschälte Knoblauchzehen • 2 Zweige Rosmarin • 2 TL Koriandersamen • Salz • schwarzer Pfeffer • 4 EL eingelegte Johannisbeeren (Seite 26)

Den Backofen auf 160 °C Ober/Unterhitze vorheizen. Pastinaken bürsten und in kleinfingerdicke Stifte schneiden. Pastinaken, Birnen, Öl, Knoblauch und Gewürze in einer knapp passenden feuerfesten Form mischen und unter gelegentlichem Umrühren etwa 45 Minuten goldbraun und weich backen. Heiß oder kalt mit den eingelegten Johannisbeeren servieren.

Blutwursttürmchen mit Cassis-Schalotten

½ Rezept Pastinaken & Birnen aus dem Ofen (Seite 32) • 6 Schalotten in dünnen Spalten • 2 EL Butter • 125 ml Rotwein • 80 ml Crème de Cassis • Salz • schwarzer Pfeffer • 2 Zweige Thymian • 600 g Blutwurst in Scheiben

Während die Pastinaken und Birnen im Ofen schmoren, die Schalotten in der Butter goldbraun braten, mit Rotwein und Crème de Cassis aufgießen, salzen, pfeffern und 1 Zweig Thymian zugeben. Bei milder Hitze die Flüssigkeit verdampfen lassen. Kurz bevor Pastinaken und Schalotten fertig sind, die Blutwurstscheiben ohne Fett beidseits scharf anbraten. Auf vorgewärmten Tellern aus Blutwurstscheiben und Pastinaken-Birnen kleine Türmchen bauen, Portweinschalotten dazulöffeln. Mit eingelegten Johannisbeeren und Thymianblättchen garnieren.

HAUPTGERICHTE

Austernseitlinge & Cassis-Crème-fraîche mit Zweierlei von der Erbse

Als Beilage empfehlen sich hausgemachte Bandnudeln oder junge Kartoffeln.

1 gehackte Knoblauchzehe • 2 EL Öl • 200 g schwarze Johannisbeeren • 2 TL Honig • 4–6 EL Crème fraîche • Salz • schwarzer Pfeffer • 500 g junge Erbsen • 200 g Zuckerschoten • 600 g Austernseitlinge in Scheiben • 2 EL Butter • Muskatnuss • krause Petersilie

Den Knoblauch in 1 EL Öl anbraten. Johannisbeeren und Honig einrühren und aufkochen lassen. Durch ein Sieb streichen. Erkaltet in die Crème fraîche rühren, dezent salzen und pfeffern. Erbsen und Zuckerschoten getrennt in wenig Salzwasser kochen. Austernseitlinge im restlichen Öl knusprig braun braten. Erbsen pürieren, mit 1 EL Butter, Salz, Pfeffer und Muskatnuss fertigstellen. Zuckerschoten in der restlichen Butter schwenken. Mit Salz und Pfeffer abschmecken. Püree und Schoten gefällig anrichten, Pilze dazulegen. Petersilie darüberstreuen. Mit der Cassis-Crème-fraîche servieren.

Gemüse-Tartelettes mit Johannisbeer-Mousseline

Für die Mousseline: 150 g Johannisbeeren • 1 EL Honig • 2 Eigelb • 3 EL Zitronensaft • 1 EL Dijon-Senf • Salz • Pfeffer • 50 ml Öl • 100 ml Schlagobers • 1 TL geriebene Zitronenschale • 1 Frühlingszwiebel in Röllchen
Für den Teig: 200 g Mehl • 100 g Butter • 1 Ei • Muskatnuss • 2 EL Öl + mehr für die Formen • 1 rote Zwiebel in schmalen Spalten • je 250 g Mais, Erbsen und Zucchini in Stückchen • je 1 TL frischer Thymian und Rosmarin • 4 EL gehackte krause Petersilie

Die Johannisbeeren mit dem Honig kurz aufkochen, durch ein Sieb streichen und abkühlen lassen.

Eigelb, Zitronensaft, Senf, Salz und Pfeffer kräftig verrühren. Das Öl in sehr dünnem Strahl unter kräftigem Rühren einarbeiten. Das Schlagobers steif schlagen. Mit dem Johannisbeer-Mus mischen und unter die Ei-Öl-Masse ziehen. Die Frühlingszwiebel einrühren. Die Mousseline gekühlt ziehen lassen.

Mehl, Butter, Ei, Muskat, Salz und Pfeffer zu einem glatten Teig kneten und 1 Stunde gekühlt rasten lassen. Den Backofen auf 200 °C Ober/Unterhitze vorheizen.

Tartelette-Förmchen fetten. Den Teig ausrollen, auf die Förmchen verteilen, mehrmals mit einer Gabel einstechen und 10 Minuten vorbacken.

Öl erhitzen, Zwiebel darin goldgelb rösten, Gemüse kurz mitbraten. Salzen, pfeffern, mit Thymian sowie Rosmarin würzen und auf die Förmchen verteilen. Die Mousseline auf dem Gemüse verstreichen und die Tartelettes etwa 25 Minuten backen. Sofort mit Petersilie bestreut servieren oder erkalten lassen.

Johannisbeer-Reis-Laibchen mit glasierten Karotten

Die zarte Säure der Johannisbeeren wird durch die feine Süße der Karotten ausbalanciert.

600 g Karotten in Scheiben • 2 EL Butter • 1 TL Senfkörner oder Koriandersamen • 200 ml Orangensaft • 1 Lorbeerblatt • Salz • Pfeffer • 500 ml Milch • 2 EL Mehl • Muskatnuss • 4 Eier • 4 EL gekochter Reis (ersatzweise Couscous) • 4 EL Johannisbeeren • Öl zum Braten • 4 EL gehackte Petersilie

Die Karotten in der Butter anschwitzen. Senfkörner einrühren und kurz braten. Mit Orangensaft, Lorbeer, Salz und Pfeffer bissfest dünsten. Kurz vor dem Servieren die Flüssigkeit möglichst vollständig verdampfen lassen. In der Zwischenzeit Milch, Mehl und Muskat mit Salz und Eiern glatt rühren. Reis einrühren und die Masse einige Minuten kräftig schlagen, kurz rasten lassen. Johannisbeeren hinzufügen. Öl in mehreren Pfannen erhitzen. Kleine Teighäufchen hineinsetzen und beidseits goldbraun braten. Sehr heiß mit den Karotten und Petersilie servieren.

Rotkraut-Galettes mit Walnuss und Johannisbeere

Die elegante vegetarische Hauptspeise eignet sich auch als Unterlage vor allem für Ente, Gans, Kaninchen, Wild und Lachs.

Für den Teig: 180 g Buchweizenmehl • 20 g Weizenmehl • Salz • fein geriebene Muskatnuss • Öl für die Pfanne
Für die Füllung: 1 kg Rotkraut ohne Strunk in feinen Streifen oder geschälte Rübchen in Würfeln • Salz • schwarzer Pfeffer • 1 TL grob gemörserte Koriandersamen • 2 gehackte rote Zwiebeln • 2 EL Öl • 120 ml Rotwein • 200 g Crème fraîche • 100 g schwarzes Johannisbeer-Gelee (Seite 42) oder kalt gerührter Fruchtaufstrich (Seite 43) • 100 g gehackte geröstete Walnüsse • 4 EL gehackte Petersilie

Das Mehl mit Salz und Muskat mischen. Nach und nach etwa 400 ml Wasser einrühren. Der Teig soll in dünnen Fäden vom Rührgerät fließen. 3 Stunden rasten lassen. Das Rotkraut oder die Rübchen mit Salz, Pfeffer und Koriandersamen 20 Minuten ziehen lassen, danach ausdrücken. Zwiebel im Öl goldbraun rösten, mit dem Wein ablöschen. Das Kraut darin bei leicht geöffnetem Deckel 15 Minuten dünsten. Den Teig durchrühren und portionsweise in einer schweren Pfanne in wenig Öl zu hauchdünnen Küchlein (= Galette) backen.

Den Backofen auf 200 °C Ober/Unterhitze vorheizen. Zwei Backbleche mit Backpapier belegen. Galettes auf die Bleche legen, mit dem Rotkraut befüllen. Crème fraîche mit dem Johannisbeer-Gelee mischen und in Tupfern auf den Galettes verteilen. Die Teigecken einschlagen, jedoch nicht ganz bis zur Mitte. Die Galettes 15 Minuten backen. Mit Walnüssen und Petersilie bestreut servieren.

Kürbis im Mohnmantel mit Johannisbeer-Linsen

Anstelle von Kürbis eignen sich alle erdenklichen Wurzelgemüse für dieses Rezept.

800 g Kürbis ohne Schale und Kerne in Scheiben • 2–3 EL Öl • Salz • Pfeffer • 80 g Mohn • 1 EL gehackte Rosmarinnadeln • 1 feingehackte rote Zwiebel • 1 EL Butter oder Öl • 100 g Beluga-Linsen • 1 Lorbeerblatt • Bohnenkraut oder Thymian • 2–4 EL Johannisbeer-Senf (Seite 26)

Den Backofen auf 180 °C Ober/Unterhitze vorheizen. Ein Backblech mit Backpapier auslegen.

Die Kürbisscheiben mit Öl bestreichen, salzen und pfeffern. Im Ofen 15 Minuten backen. Wenden, die zweiten Seiten ebenfalls ölen, salzen und pfeffern. Mit Mohn und Rosmarin bestreut ca. 30 Minuten saftig weichgaren. In der Zwischenzeit Zwiebel in Butter glasig dünsten. Linsen einrühren, 250 ml Wasser zugießen, Lorbeer hinzufügen und die Linsen etwa 20 Minuten bissfest kochen. Mit Bohnenkraut, Salz, Pfeffer und Johannisbeer-Senf abschmecken. Die Linsen auf Tellern anrichten, die Kürbisscheiben dazulegen. Mit Bohnenkraut garnieren.

Medaillons vom Maibock mit karamellisiertem Rhabarber und Cassis

2 EL Butter • 400 g Rhabarber in 4 cm langen Stücken • 400 g rote Zwiebeln in Scheiben • ca. 100 ml Rotwein • 2 EL brauner Rohrzucker • 1–2 EL grob gemahlener schwarzer Pfeffer • 4 EL Crème de Cassis

12 Medaillons vom Maibockfilet • 12 dünne Scheiben durchwachsener Speck • je 1 TL gemörserte Senfkörner, Pfefferkörner und Koriandersamen • 4 gemörserte Wacholderbeeren • Öl zum Braten • Salz

Den Backofen auf 180 °C Ober/Unterhitze vorheizen. Eine Backform, die Rhabarber und Zwiebeln knapp aufnehmen kann, mit der Butter ausstreichen. Das Gemüse einschlichten, Rotwein zugießen; mit Zucker und Pfeffer bestreut 20 Minuten backen, dabei nach 10 Minuten vorsichtig umrühren. Kurz vor dem Servieren den Cassis darüberträufeln.

Die Gewürze fest in die Oberfläche der Medaillons drücken. Die Medaillons mit je einer Scheibe Speck umwickeln und im Öl beidseits scharf anbraten. Im Ofen etwa 5 Minuten unter einmaligem Wenden weitergaren. Vor dem Servieren kurz auf vorgewärmten Tellern rasten lassen.

Dazu passen Kartoffelkroketten und Feldsalat mit gerösteten Hasel- oder Walnüssen.

Marinierte Rippchen mit Johannisbeersauce

Wenig Aufwand, feines Ergebnis, das von ausgetretenen Rippchen-Pfaden befreit.

1 kg Schweinsrippchen in 4 Teilen • 2 rote Zwiebeln in Scheiben • 3 gehackte Knoblauchzehen • Salz • großzügig rosa Beeren • 8 EL Johannisbeer-Portwein-Essenz • 100 g Johannisbeeren • 2–3 EL Ahornsirup • 4 Zweige Rosmarin • 800 g junge Kartoffeln in Spalten

Die Rippchen mit den übrigen Zutaten – Kartoffeln ausgenommen – in einem großen Bräter mischen und 3 Stunden ziehen lassen. Den Backofen auf 200 °C Ober/Unterhitze vorheizen. Die Kartoffeln zu den Rippchen legen. Rippchen je nach Dicke 30–40 Minuten unter einmaligem Wenden braten. Schön heiß servieren.

Ente & Quitte mit Balsamico-Beeren

Stehen keine Quitten zur Verfügung, schmecken Äpfel oder Birnen, auch Marillen. Die Rotkraut-Galettes von Seite 36 empfehlen sich als Beilage.

2 kleine küchenfertige Enten • 2 Quitten ohne Kerngehäuse in Spalten • 5 Stämmchen Petersilie • 1 gehackte Zwiebel • 2 Knoblauchzehen gehackt • 200 ml trockener Rotwein • Salz • schwarzer Pfeffer • 1 Lorbeerblatt • 4 Zweige Thymian • 2 Zweige Rosmarin • 2 Wacholderbeeren • 4 EL Johannisbeer-Chutney (Seite 24) • 1 EL Balsamico-Essig • 1 EL fein gehackte Petersilie

Den Backofen auf 180 °C Ober/Unterhitze vorheizen. Die Enten halbieren und in einer schweren Pfanne goldbraun anbraten. Die Entenhälften mit der Hautseite nach oben nebeneinander in einen Bräter legen. Im verbliebenen Entenfett die Quittenspalten kurz scharf anbraten und zu den Enten legen. In der Pfanne Zwiebel und Knoblauch kurz rösten. Mit Rotwein ablöschen. Petersilienstämmchen, Salz, Pfeffer, Lorbeer, Thymian, Rosmarin und Wacholder hinzufügen. Die Mischung aufkochen und über die Enten gießen. Die Enten im Backofen 90 Minuten braten. Das Johannisbeer-Chutney mit dem Essig verrühren. Die Enten auf vorgewärmten Tellern anrichten, die Quittenscheiben dazulegen, mit Chutney-Tupfern versehen und mit Petersilie bestreut servieren.

Mit Johannisbeeren gefüllte Lammschulter

Die feine Säure der Johannisbeeren und das langsame Garen machen das Fleisch besonders aromatisch und zart. Ein Pastinakenpüree bietet sich hier als perfekte Ergänzung an.

1 Lammschulter • 4 gehackte Frühlingszwiebeln • 2 gehackte Knoblauchzehen • 1 EL Öl • 150 g Johannisbeeren • 2 EL Pinienkerne • 2 gehackte Trockenmarillen oder Dörrzwetschken • 1 TL gehackte Rosmarinnadeln • 1 zarte Prise Zimt • Salz • Pfeffer

Den Backofen auf 160 °C Ober/Unterhitze vorheizen. Eine Tasche in die Schulter schneiden. Frühlingszwiebeln und Knoblauch im Öl glasig dünsten. Mit den übrigen Zutaten mischen, die Schulter damit füllen und je nach gewünschtem Gargrad 2,5–3,5 Stunden braten. Dabei mehrmals mit dem austretenden Saft begießen.

FÜR NASCHKATZEN

»Raureif«-Johannisbeeren

Die Optik dieses wunderschönen Dekors lässt sich durch die Wahl der Kristallgröße des Zuckers variieren. Sehr feiner Zucker erzeugt eine zarte »Frostschicht«, grober Zucker ergibt »Eiskristalle«.

150 g Johannisbeeren an den Rispen • nach Wunsch kleine Johannisbeer-Blätter • 1 Eiweiß oder ½ TL Gummi arabicum • ca. 100 g Zucker

Die Johannisbeeren nach dem Waschen sehr gut trockentupfen. Das Eiweiß mit 1 TL (Gummi arabicum mit 2 TL) Wasser mischen. Die Früchte darin eintauchen, gut abtropfen lassen und mit dem Zucker rundum bestreuen. Am besten hängend trocknen lassen, z. B. an einem Kochlöffel, der auf zwei hohen Gläsern liegt.

Raspado

In Mexico werden rote Johannisbeeren gerne in geeisten Erfrischungen genossen. Raspado schmeckt natürlich auch mit schwarzen Johannisbeeren. Als Garnitur eignen sich die Beeren und Minze, auch Basilikum.

20–30 g Zucker • 150 g Johannisbeeren • 1 EL Zitronensaft • Mark von ½ Vanilleschote oder fein geriebene Schale von ½ Bio-Limette

Den Zucker mit 400 ml Wasser aufkochen und 2 Minuten köcheln lassen. Die übrigen Zutaten einrühren. Die abgekühlte Mischung durch ein Sieb streichen, in einem flachen Gefäß mindestens 4 Stunden tiefkühlen. Nach 2 Stunden die Masse alle 30 Minuten kräftig durchrühren. Wer dafür zu faul ist, füllt die Masse in Eiswürfelformen und zerhackt die fertig gefrorenen Würfel in der Küchenmaschine. Raspado in gekühlten Gläsern servieren.

Johannisbeer-Sorbet mit Cantaloupe

Anstelle der Melone eignen sich auch Marillen oder Pfirsiche hervorragend. Mit Eischnee wird das Sorbet besonders cremig.

100 g Zucker • 100 ml Weißwein oder Wasser • 500 g Johannisbeeren plus mehr zum Dekorieren • 1 große Bio-Limette • nach Wunsch 1 Eiweiß • Fleisch von 1 kleinen Cantaloupe oder anderen Melone • 80 ml Orangensaft oder -likör • Zitronenmelisse • 2 EL geröstete Mandelblättchen

Den Zucker mit Wein bei milder Hitze etwa 8 Minuten zu Sirup kochen. Ein wenig abkühlen lassen. Johannisbeeren und fein geriebene Schale von ½ Limette einrühren. Die Masse pürieren, falls verwendet das Eiweiß steif schlagen und unterheben. Die Masse mindestens 6 Stunden tiefkühlen, zwischendurch umrühren. Das Sorbet etwa 20 Minuten vor dem Servieren aus dem Tiefkühler nehmen. Die Melone im Orangensaft 10 Minuten ziehen lassen. Das Sorbet portionieren und mit der Melone anrichten. Mit Limettenzeste, Zitronenmelisse und Mandelblättchen garnieren.

Kalt gerührtes Johannisbeer-Gelee

Wer den vollen Vitamingehalt schätzt und Geduld aufweist, freut sich über folgendes Rezept. Großartig auch in Kombination mit Erdbeeren oder Himbeeren.

250 g Johannisbeeren • 1 EL Zitronensaft •
175 g Zucker

Die Johannisbeeren zerdrücken, den Saft durch ein Tuch filtern. Mit Zitronensaft und Zucker so lange rühren, bis der Saft geliert. In sehr kleinen sterilisierten Gläsern kalt lagern und innerhalb von 3 Tagen verbrauchen.

Klassisches Johannisbeer-Gelee

Traditionell verwendet man nicht allzu reife Früchte, um ein klares Gelee mit guter Konsistenz zu erhalten. Für ein besonders feines Aroma fügt man roten Johannisbeeren einige Himbeeren hinzu; schwarze Johannisbeeren werden gerne mit Äpfeln oder Birnen gemischt. Das Gelee lässt sich nach Belieben würzen, z. B. mit Vanille, Zimt(blüten), Sternanis, Orangenschale, rosa Beeren, Thymian oder Chili. Wunderbar auch mit Rosenöl und Maiwipferln.

1 kg Zucker • 1 kg Johannisbeeren
Den Zucker mit 250 ml Wasser 5 Minuten bei milder Hitze köcheln. Die Früchte hinzufügen und etwa 15 Minuten sprudelnd kochen lassen. Durch ein feines Sieb gießen und heiß in dicht verschließbare Gläser füllen. Die abgefilterten Früchte können im folgenden Rezept Verwendung finden.

Kalt gerührter Fruchtaufstrich

Bei dieser Zubereitung bleiben besonders viele Vitamine erhalten.

200 g Johannisbeeren • 3 EL Honig oder Zucker • 2 EL Leinsamen • nach Wunsch Mark von ½ Vanilleschote, Zimt, Zitrusfruchtschale, Rosen- oder Lavendelöl
Alle Zutaten im Mixer auf höchster Stufe 2–3 Minuten pürieren. In kleine Gläser füllen und im Kühlschrank einige Stunden andicken lassen. Gut gekühlt hält der Aufstrich etwa eine Woche.

Nicecream in Pink und Magenta

Nicecream kommt ohne Zucker und Fett aus und ist dennoch süß und cremig.

je 150 g rote und schwarze Johannisbeeren • 2 Bananen in Stückchen • 200 ml (Hafer)Milch • 2 EL Honig oder Ahornsirup oder Trockenfrüchte • 10 g geröstete gehackte Macadamianüsse
Johannisbeeren und Bananen tiefkühlen. Die roten und die schwarzen Johannisbeeren mit jeweils einer Banane und je 100 ml (Hafer)Milch und 1 EL Honig in einem kräftigen Standmixer cremig pürieren. Die beiden Sorten dekorativ anrichten und mit Macadamianüssen bestreut sofort servieren.

Johannisbeer-Curd

Die Creme eignet sich als Brotaufstrich, Dessert und Füllung für Cupcakes, Tartes, …

Sie ist im Kühlschrank eine Woche haltbar.

300 g Johannisbeeren • 3 Eier • 80–120 g Zucker • 90 g Butter in Würfelchen • nach Wunsch Mark von ½ Vanilleschote oder Orangenschale oder gemahlener Zimt

Die Johannisbeeren kurz aufkochen und durch ein Sieb pürieren. Das Püree in einem kleinen Topf oder Schneekessel mit den Eiern, Zucker verrühren, nach Wunsch Aroma hinzufügen. Die Masse im Wasserbad zu einer puddingartigen Creme rühren. Vom Herd nehmen und die Butter hinzufügen. Noch heiß in kleine Gläser füllen. Gut gekühlt verwenden.

Panna cotta spezial

350 ml Schlagobers • 4–6 Blätter der schwarzen Johannisbeere • Mark von 1 Vanilleschote • 4 EL Zucker • 4 Blatt Gelatine • 100 g »Raureif«-Johannisbeeren (Seite 40)

Das Schlagobers leicht erwärmen, Johannisbeerblätter, Vanillemark und Zucker einrühren, mindestens 6 Stunden gekühlt ziehen lassen. Die Gelatine in wenig kaltem Wasser 5 Minuten einweichen, bei milder Hitze erwärmen, bis sie schmilzt. In das Obers rühren. Die Masse in hübsche Gläser füllen und 4 Stunden gekühlt erstarren lassen. Mit den »Raureif«-Johannisbeeren garniert servieren.

Johannisbeer-Macarons mit Himbeerfülle

Geniale Farben, geniale Aromen.

Für die Macarons: 2 Eiweiß • 1 Prise Salz • 80 g Kristallzucker • 40 g Staubzucker • 2 TL passierte schwarze Johannisbeeren • 125 g feinst gemahlene blanchierte Mandeln
Für die Füllung: 120 g Staubzucker • 65 g Butter • 3 EL Himbeerlikör • 1 EL passierte Himbeeren • 1–2 TL feinst geriebene Bio-Limettenschale

Den Backofen auf 75 °C Umluft vorheizen. Zwei Backbleche mit Backpapier auslegen. Eiweiß mit Salz steif schlagen. Nach und nach Kristallzucker, dann Staubzucker einschlagen. Vorsichtig das Johannisbeer-Püree einrühren und Mandeln unterziehen. Die Masse in einen Spritzbeutel oder Tiefkühlbeutel mit abgeschnittener Ecke füllen. Tupfer mit etwa 2 cm Ø auf die Bleche spritzen und 30–40 Minuten im Ofen trocknen. Auf dem Backpapier abkühlen lassen.

Für die Füllung Staubzucker und Butter schaumig schlagen. Die übrigen Zutaten einrühren. Die Masse in einen Spritzbeutel oder Tiefkühlbeutel mit abgeschnittener Ecke füllen und jeweils eine Portion auf die flachen Seiten der Hälfte der Macarons spritzen. Jeweils ein ungefülltes Macaron mit der flachen Seite auf die Füllung setzen und sanft andrücken.

Syrniki mit Kisiel
Frischkäsebeignets mit Johannisbeersauce

Dieser Klassiker der serbischen, lettischen, ukrainischen, weißrussischen und russischen Küche existiert in unzähligen Varianten. Die Frischkäsemasse kann etwa auch Korinthen enthalten und mit zahlreichen Aromen wie Vanille, Orange, Zimt, usw. variiert werden. Kisiel kann mit Fruchtstücken oder glattpüriert serviert werden. Hier die sehr puristische Version meines liebenswerten angeheirateten Onkels aus der Ukraine.

650 g Frischkäse • 3 Eigelb • 60 g Mehl plus mehr zum Verarbeiten • 15 g Zucker • 1 Prise Salz • 8 EL Butter
400 g rote und/oder schwarze Johannisbeeren • 50–80 g Zucker • 100 ml Rotwein • 1 EL Kartoffelstärke

Frischkäse und Eigelb verrühren. Mehl mit Zucker und Salz mischen. Nach und nach in den Frischkäse rühren. Die Masse dritteln, auf einer bemehlten Arbeitsfläche jeweils zu 10 cm langen Rollen formen und in Frischhaltefolie eingeschlagen mindestens 30 Minuten kühlen.

Die Johannisbeeren mit Zucker und Rotwein erwärmen. Die Stärke in wenig kaltem Wasser oder Wein anrühren und mit den Früchten verrühren. Bei milder Hitze andicken lassen.

In zwei schweren Pfannen jeweils 4 EL Butter schmelzen. Die Teigrollen in 2 cm dicke Scheiben schneiden und bei Mittelhitze auf jeder Seite etwa 4 Minuten goldbraun backen. Warm oder kalt mit den Johnnisbeeren servieren.

Mohn-Bismarck mit Johannisbeer-Chaudeau

Pfannkuchen in seiner ursprünglichsten wortwörtlichen Form.

Für den Teig: 250 ml Milch • 4 Eier • Salz • 125 g Mehl • 2 EL gerösteter Mohn • gemahlener Zimt • 2 EL Butter
Für die Füllung: 200 ml Johannisbeersaft • 80–100 g Zucker • 4 Eigelb • Bio-Limettenzeste

Eine ofenfeste Pfanne in den Backofen stellen, den Ofen auf 220 °C Ober/Unterhitze vorheizen. Die Milch mit den Eiern, Salz, Mehl, Mohn und Zimt verrühren. Die Pfanne aus dem Ofen holen, die Butter darin zerfließen lassen. Den Teig hineingießen und etwa 18 Minuten im Ofen backen.

In der Zwischenzeit Johannisbeersaft, Zucker und Eigelb im Wasserbad sehr schaumig schlagen. Den noch heißen Bismarck damit füllen, mit Limettenzeste bestreuen und sofort servieren.

Kastanien-Nockerl auf Cassis-Spiegel

4 Blatt Gelatine • 200 ml Milch • Mark von 1 Vanilleschote • je 1 Prise Salz und gemahlener Zimt • 2 Eigelb • 80 g Zucker • 250 g Kastanienpüree • 200 ml Schlagobers • 1 TL Speisestärke • 6 EL Crème de Cassis • 2 filetierte Mandarinen • 2 EL gehackte geröstete Walnüsse

Die Gelatine in wenig kaltem Wasser einweichen. Die Milch mit Vanille, Salz und Zimt aufkochen. Eigelb mit Zucker aufschlagen. Vanillemilch nach und nach einrühren. Auf kleiner Flamme unter stetem Rühren andikken lassen. Gelatine ausdrücken und in die Milch rühren. Auskühlen lassen. Kastanienpüree einrühren. Obers steif schlagen und unter die Kastanienmasse ziehen. Über Nacht kühlen. Die Speisestärke im Cassis aufrühren, bei milder Hitze andicken lassen, noch warm auf Dessertteller gießen und erkalten lassen. Mandarinenspalten dekorativ dazulegen. Aus der Kastanienmasse Nockerl ausstechen und auf die Cassis-Spiegel setzen. Mit Walnüssen bestreut sofort servieren.

Pavlova mit Johannisbeeren und Cassis

Dieses festtagstaugliche Dessert ist besonders schön mit »Raureif«-Johannisbeeren.

Für das Baiser: 4 Eiweiß • 180 g Zucker • 2 TL fein geriebene Bio-Orangenschale • 1 EL Speisestärke • 1 TL Essig
Für das Kompott: 400 g rote und/oder schwarze Johannisbeeren • 50 ml Blutorangensaft • 1 EL Blütenhonig • 4 TL Speisestärke
Für die Füllung: 350 ml Schlagobers • 8 EL Crème de Cassis • frische Blätter der schwarzen Johannisbeere oder Minze

Den Backofen auf 150 °C Ober/Unterhitze vorheizen, ein Backblech mit Backpapier belegen. Eiweiß aufschlagen. Zucker unter kräftigem Schlagen in dünnem Strahl einrieseln lassen. Die Masse soll fest und glänzend sein. Orangenschale, Stärke und Essig einrühren. Wer ein wenig Farbe wünscht, rührt 2 EL Johannisbeersaft ein. Die Masse kreisförmig mit etwa 24 cm Ø auf dem Blech verstreichen, in der Mitte eine seichte Mulde für die Füllung formen. Die Ofentemperatur auf 110 °C reduzieren. Die Masse auf der mittleren Schiene etwa 90 Minuten backen. Sie soll möglichst hell bleiben, außen fest und in der Mitte noch cremig sein. Im Ofen bei leicht geöffneter Türe abkühlen lassen.

In der Zwischenzeit 300 g Johannisbeeren im Orangensaft mit dem Honig aufkochen. Die Stärke in 1 EL kaltem Wasser anrühren, zwei Minuten mit den Johannisbeeren mitkochen. Das Kompott abkühlen lassen.

Kurz vor dem Servieren das Schlagobers cremig aufschlagen; Crème de Cassis einrühren und die Masse in die Mulde des Baiserbodens gießen. Das Kompott darauf verteilen. Mit den restlichen Johannisbeeren und Johannisbeerblättern garnieren.

Heiße Schokoküchlein an Johannisbeer-Spiegel

Herrlich saftig mit flüssigem Kern. Das in diesem Rezept übrig bleibende Eiweiß ist gut für Macarons (Seite 45) oder den Lila Ladida (Seite 57) zu gebrauchen.

Für den Teig: 120 g Butter plus mehr für die Formen • 2 EL Kakao für die Formen • 120 g Bitterschokolade • 70 g heller Vollrohrzucker • Mark von ½ Vanilleschote • 2 Eier und 2 Eigelb • 1 EL Mehl
Für den Spiegel: 50 g Kristallzucker • 150 g schwarze Johannisbeeren • 3 EL Rotwein oder Orangensaft • gemahlener Zimt

Metallförmchen mit Butter ausstreichen, mit Kakaopulver bestäuben. Den Backofen auf 180 °C Umluft vorheizen. Butter und Bitterschokolade im Wasserbad schmelzen. Zucker, Vanille, Eier und Eigelb sehr schaumig schlagen. Das Mehl sanft unterheben. Die geschmolzene Schokolade vorsichtig einrühren. Die Masse auf die Förmchen verteilen und 12–15 Minuten backen, bis sich der Teig von den Förmchen zu lösen beginnt. Kurz in den Förmchen rasten lassen, danach auf vorgewärmte Teller stürzen.

Während der Backzeit den Kristallzucker in einer schweren Pfanne sanft karamellisieren. Johannisbeeren und Rotwein oder Saft einrühren und einige Minuten sanft kochen. Durch ein Sieb streichen und zu den heißen Küchlein gießen.

Johannisbeertarte mit Nusshaube

In Anlehnung an die berühmte Linzertorte mit Haselnussteig und einer Füllung aus rotem Johannisbeergelee hier eine wesentlich fruchtigere und saftigere Köstlichkeit.

Für den Teig: 300 g Mehl • 150 g Butter • 120 g Zucker • Mark von 1 Vanilleschote • 1 TL fein geriebene Orangenschale • 1 Prise Salz
500 g rote oder schwarze Johannisbeeren • 200 g Zucker • 4 Eier • 150 g geröstete und gemahlene Haselnüsse • 2 EL Sauerrahm • 1 Prise gemahlener Zimt

Mehl, Butter, Zucker, Vanille, Orangenschale und Salz rasch zu einem glatten Teig kneten und 30 Minuten kühlen.

Ein Backblech mit Backpapier auslegen. Den Backofen auf 175 °C Umluft vorheizen.

Den Teig dünn ausrollen und auf das Blech legen. Mit 1 EL Nüssen bestreuen, damit der Saft der Früchte den Teig nicht aufweicht. Den Boden mit den Johannisbeeren belegen. Für den Guss den Zucker und Eiweiß steif schlagen, Eigelb, Nüsse, Rahm und Zimt einrühren. Die Masse auf den Johannisbeeren verteilen. Den Kuchen auf der unteren Schiene etwa 40 Minuten backen.

Johannisbeerauflauf

Der klassische gekochte Johannisbeerpudding regte mich zu diesem Rezept an. Im Original besteht er lediglich aus Mehl, Rindertalg, Milch sowie Johannisbeeren, wird in einem bemehlten Tuch stundenlang gekocht und danach mit Zitronenscheiben, kalter Butter und Zucker serviert. Mir ist die gebackene Variante lieber. Versuchen Sie unbedingt, Rindertalg für dieses Rezept zu bekommen! Der Teig wird unvergleichlich flaumig und zart im Aroma.

100 g Mehl • 30 g Rindertalg, ersatzweise Butter • 2 Eier • 2 EL Zucker • 1 Prise Salz • fein geriebene Schale von ½ Bio-Zitrone • 200 ml Buttermilch • 300 g Johannisbeeren

Mehl und 20 g Rindertalg gut verkneten. Eier, Zucker, Salz und Zitronenschale schaumig schlagen. Mehlmix und Milch einrühren. Die Masse mindestens 1 Stunde kühlen. Den Backofen auf 180 °C Ober/Unterhitze vorheizen. Den restlichen Rindertalg in einer flachen Backform schmelzen. Den Teig kurz durchschlagen. Etwa zwei Drittel vom Teig in die Form gießen, die Früchte darauf verteilen und mit dem restlichen Teig bedecken. Etwa 30 Minuten backen. Schön heiß servieren.

Soufflé von Johannisbeeren mit Roter Rübe

Der Überguss des Soufflés sinkt während des Backens in den Teig und macht ihn besonders saftig. Sollte überraschenderweise etwas übrig bleiben, schmeckt das Soufflé erkaltet wie guter Schokokuchen.

200 g weiche Butter plus mehr für die Form • 300–350 g Vollrohrzucker • 4 Eier • 200 g Mehl • 2 TL Weinstein-Backpulver • 6 gehäufte EL reines Kakaopulver • 150 g vorzugsweise schwarze Johannisbeeren • 1 rohe fein geraspelte rote Rübe ohne Schale

Den Backofen auf 180 °C Ober/Unterhitze vorheizen. Eine Souffléform buttern. Butter mit 200–250 g Zucker sehr flaumig rühren. Die Eier kräftig einrühren. Mehl mit Backpulver und 3 EL Kakao mischen und sanft in die Eiermasse rühren. Johannisbeeren und rote Rübe unterheben. Den Teig in die Form gießen.

Für den Guss restlichen Zucker und Kakao mit 600 ml kochendem Wasser verrühren. Noch heiß über den Teig gießen. Das Soufflé etwa 25 Minuten backen (Nadelprobe). Sollte die Oberfläche zu dunkel werden, mit Alufolie bedecken. Das Soufflé nach dem Backen 15 Minuten abkühlen lassen, danach auf eine größere Platte stürzen, da der Guss über das Soufflé fließen wird. Sofort mit Vanillesauce oder Eiscreme servieren.

Johannisbeerbonbons

Diese Bonbons sind nicht nur köstlich, sie helfen auch bei Husten und Kratzen im Hals. Die Kerne werden nicht entfernt, da auch sie Heilstoffe enthalten.

500 g Johannisbeeren • 400 g Kristallzucker plus mehr zum Wälzen

Die Johannisbeeren mit 200 ml Wasser kochen, bis sie platzen. Mit dem Stabmixer pürieren. Mit dem Zucker bei starker Hitze unter stetem Rühren kochen, bis die Masse gut eindickt. Ein tiefes Blech mit Backpapier auslegen. Die Masse hineingießen und über Nacht erstarren lassen. In kleine Würfel schneiden und allseits im Zucker wälzen. Nochmals über Nacht trocknen lassen. In dicht schließenden Gefäßen lagern.

FLÜSSIGER GENUSS

Crèmiger Johannisbeer-Smoothie

Der perfekte Start in den Tag, der angenehm satt macht, ohne zu beschweren.

600 ml Buttermilch • 150 g Johannisbeeren • 50 g fein gemahlene Mandeln • 1 große reife Banane oder 2 sehr reife Birnen • 4 EL geschroteter Leinsamen

Alle Zutaten im Mixer pürieren, in Gläser füllen und mindestens 2 Stunden oder über Nacht kühlen.

Johannisbeer-Pfirsich-Smoothie

300 g rote oder schwarze Johannisbeeren • 2 Pfirsiche • 300 ml Buttermilch oder Mandelmilch • 1 EL Limettensaft

Alle Zutaten im Mixer pürieren und sofort servieren.

Maibowle

Wer keine Johannisbeer-Blätter bekommen kann, verwendet das Mazerat für die Gemmotherapie (Seite 57 oder aus der Apotheke). Dieses Grundrezept lässt sich mit allerlei Früchten schön ausbauen, klassisch mit Erdbeeren.

200 g Zucker • je 6 Blätter der schwarzen Johannisbeere, Erdbeere und Minze • 6 zusammengebundene Stämmchen Waldmeister • 1 Bio-Zitrone • je 750 ml Weißwein und Sekt

Den Zucker mit 200 ml Wasser 10 Minuten kochen, abkühlen lassen. Die Blätter und den Waldmeister 10 Minuten in der Zuckerlösung ziehen lassen. Dabei sollten die Waldmeisterstiele aus der Flüssigkeit herausragen. Durch ein Sieb in eine Bowleschale gießen. Saft und Schale der Zitrone hinzufügen. Mit Wein und Sekt auffüllen.

Johannisbeer-Wodka

In der puristischen Version werden nur die Blätter der schwarzen Johannisbeere in Wodka eingelegt, mitunter auch Honig oder Zucker zugesetzt. Wer es fruchtiger mag, fügt Beeren hinzu. In Großbritannien wird der Ansatz der Blätter in Wodka nach vier Tagen gefiltert und mit Rotwein und Zucker versetzt.

1 Liter Wodka • 30–50 g grob gehackte Blätter der schwarzen Johannisbeere • nach Belieben 300 g schwarze Johannisbeeren

Alle Zutaten in einer weithalsigen Flasche zwei Wochen unter gelegentlichem Schütteln ziehen lassen, danach abfiltern. Kühl und dunkel lagern. Als Genuss oder bei Rheuma und Gicht trinken.

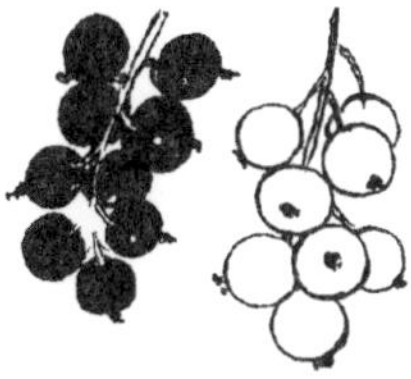

Ratafia

Dieser Angesetzte schmeckt mir am besten ungesüßt mit weißem Rum oder Cognac. Es passen aber auch Wodka, Gin oder Korn. Schwarze Johannisbeeren liegen auch sehr gut in dunklem Rum oder Calvados.

500 g rote oder schwarze Johannisbeeren • 300 g dunkle Kirschen ohne Kern • 100 g Himbeeren • 1 Liter weißer Rum • 1 längs geschlitzte Vanilleschote, nach Belieben auch Orangen- oder Limettenschale, Zimtrinde, Zimtblüten, Koriandersamen oder Gewürznelken • nach Wunsch 180 g brauner Kandiszucker

Früchte, Rum und Gewürze in einer weithalsigen Flasche 3 Monate unter gelegentlichem Schütteln ziehen lassen, danach abfiltern und – falls gewünscht– den Zucker einrühren. Die beschwipsten Früchte eignen sich als Beigabe zu Geflügel, Wild, Käse oder Desserts.

Balsam iz tschornoj smorodiny
Russischer Johannisbeer-Likör

Je 10 Blätter der schwarzen Johannisbeere, Himbeere und Weichsel • 600 g Zucker • nach Belieben 500 g schwarze Johannisbeeren • 700 ml Wodka

Die Blätter gut waschen, mit 1,3 Litern Wasser aufkochen. Nach Wunsch Johannisbeeren hinzufügen und bei milder Hitze 15 Minuten ziehen lassen. Abfiltern (aus den Früchten lässt sich Kompott oder Chutney bereiten), den Zucker einrühren. Nach dem Abkühlen den Wodka hinzufügen und den Likör einige Tage reifen lassen.

Crème de Cassis

Von Mönchen – wenn auch in etwas abgewandelter Form – bereits im 16. Jahrhundert erzeugt, erfreut der französische Klassiker nicht nur Agatha Christies genießerischen Detektiv Hercule Poirot. Der Likör aromatisiert Cocktails und Desserts und eignet sich überdies als raffinierte Würze für kräftigen Käse (allen voran Roquefort), zartes Gemüse, Ente, Gans, Kaninchen und Wild.

500 g schwarze Johannisbeeren • 3 Blätter der schwarzen Johannisbeere • 500 ml Rotwein (vorzugsweise Burgunder) • 400 g Kristallzucker • 120 ml Himbeerbrand

Früchte und Blätter mit der Hälfte des Zuckers im Rotwein fünf Wochen lichtgeschützt ziehen lassen. Täglich schütteln. Danach abfiltern; dabei die Früchte leicht ausdrücken, und den restlichen Zucker einrühren. Die Flüssigkeit einmal aufkochen. Nach dem Erkalten den Himbeerbrand einrühren und den Crème in kleine Flaschen füllen.

Kir auch royal & Communard

Kir gelingt besonders authentisch mit Aligoté, auch Blanc de Troyes genannt, einem leichten Weißwein aus dem Burgund mit Zitrusnoten. Champagner macht den Aperitif zum Kir royal, Rotwein zum Communard.

Pro Glas werden 15 ml Crème de Cassis mit 100 ml leichtem Weißwein, Champagner oder Rotwein, vorzugsweise Burgunder, aufgegossen.

Casstreau

Pro Glas 18 ml Cassis • 10 ml Cointreau • 8 ml dunkler Rum

Alle Zutaten mischen, nach Wunsch auch auf Eis shaken.

Genosse

Die Umwandlung des Mandelbaum Verlages in eine Genossenschaft wollte gefeiert sein. Anlässlich der Gründungsversammlung entstand daher der folgende Cocktail:

100 ml Crème de Cassis • 1 Bouteille (0,7 l) Uhudler, ersatzweise trockener Rosé • 1 Spritzer Zitronensaft

Alle Zutaten mischen und gut gekühlt servieren.

Lila Ladida

Für Festtage mit »Raureif«-Johannisbeeren (Seite 40) dekorieren.

Pro Glas 15 ml Crème de Cassis • 15 ml Veilchenlikör • 40 ml weißer Rum • 20 ml Limettensaft • 1 Eiweiß

Alle Zutaten kräftig auf Eis shaken.

Mazerat für die Gemmotherapie

Diese Zubereitung ist eigentlich ein Heilmittel, eignet sich jedoch mit seinem blumig-frischen Bukett auch hervorragend zum Aromatisieren von Getränken, Saucen, Salatdressings und Desserts.

6 Blattknospen der schwarzen Johannisbeere • 60 ml Glycerin • 60 ml 80 %iger Alkohol • 60 ml Wasser

Die Knospen mit einem Keramikmesser (Metall würde stören) zerhacken. In einem Glas mit den übrigen Zutaten gut verschlossen und lichtgeschützt unter täglichem Schütteln ziehen lassen. Nach vier Wochen abfiltern und in kleine dunkle Sprühflaschen füllen.

GLOSSAR

Beeren, rosa	Früchte des brasilianischen Pfefferbaums
Dörrzwetschken	Trockenpflaumen
Marille	Aprikose
Rotkraut	Blaukraut, Rotkohl
Rübe, rote	rote Bete
Schlagobers	Schlagsahne
Staubzucker	Puderzucker
Uhudler	Direktträgerwein aus dem Burgenland

DIE AUTORIN

Margot Fischer ist Ernährungswissenschafterin und Anglistin. Nach zahlreichen Jahren in der medizinischen Forschung betrieb sie zum Ausgleich ein Restaurant und eine Weinbar. Ihre Erfahrung und Experimentierfreude schlagen sich in ihren Kochbüchern nieder, die neben anregenden selbst entwickelten und klassischen Rezepten Unterhaltsames und Aufschlussreiches aus Kulturgeschichte und Forschung bieten.

REZEPTVERZEICHNIS

mandelbaums *kleine gourmandisen*

Jeweils 60 Seiten | Euro 12,– | Gebunden

ARTISCHOCKE
AVOCADO
BASILIKUM
BIRNE
ERDNUSS
FEIGE
FENCHEL
GRANATAPFEL
HOLUNDER
JOHANNISBEERE
KAKAO
MANDEL
MARONE ESSKASTANIE
MELANZANE AUBERGINE
MOHN
MORCHEL
PASTINAK
QUITTE
RHABARBER
ROTE RÜBE ROTE BETE
SAFRAN
SALBEI
SELLERIE
SPARGEL
STEINPILZ
VANILLE
WALNUSS
WEICHSEL SAUERKIRSCHE
ZIMT
ZITRONE
ZWIEBEL